AF340541

ÉTUDE

SUR

LA LIQUIDATION JUDICIAIRE

LUE

Au Syndicat général de l'Industrie des Cuirs et Peaux
le 28 Février 1893

PAR

G. PETITPONT

Extrait du *Monde Economique*
Numéros des 11 et 18 mars 1893

PARIS

AUX BUREAUX DU *MONDE ÉCONOMIQUE*
76, rue de Rennes, 76

1893

ETUDE

LA LIQUIDATION JUDICIAIRE

———

Messieurs,

Notre cher Président, M. Fortier-Beaulieu, m'avait, il y a longtemps déjà, confié le soin de faire une étude sur les réformes que nous serions désireux de voir apporter à la loi sur la liquidation judiciaire.

Je tiens, avant d'en faire la lecture, à vous demander pardon de mon retard ; ma seule excuse est que je vous ai offert ma démission, l'année dernière, vous disant que j'étais souffrant et que je n'avais réellement pas le temps de faire des études économiques.

Vous avez bien voulu me garder comme vice-président malgré cet aveu d'impuissance, et, n'étant plus limité par le temps, j'ai tâché de ne pas profiter de votre autorisation au repos et d'accomplir la tâche qui m'avait été assignée.

Il m'a semblé que, pour cette question comme pour toutes, il fallait s'entourer de documents et étudier avant de parler ; vous verrez, en effet, si vous avez l'indulgence et la patience nécessaires pour m'écouter jusqu'au bout, qu'au lieu d'indiquer les réformes à faire, nous devons nous contenter de signaler les abus, de demander l'abrogation de la loi de 1889 et de prier nos législateurs de bien vouloir élaborer un projet de loi nouvelle évitant les écueils que je vais signaler.

Gustave Petitpont.

LA

LIQUIDATION JUDICIAIRE

LOI DU 4 MARS 1889.

La législation sur les faillites, bonne dans son ensemble, a donné lieu dans l'application à de nombreuses plaintes. La réclamation la plus persistante portait sur l'injustice évidente qu'il y avait à confondre le débiteur honnête et le débiteur coupable, à les flétrir de la même qualification et à les frapper des mêmes incapacités. On se plaignait aussi de l'exclusion presque complète des créanciers à la gestion d'une affaire dans laquelle ils étaient les principaux intéressés, et des pouvoirs illimités confiés aux syndics sur les biens du débiteur et sur les créanciers eux-mêmes. Le code de commerce regardait tous les débiteurs insolvables comme malhonnêtes et un certain nombre d'entre eux comme coupables.

En pratique et d'une manière presque générale, sinon absolument générale, les commerçants qui faisaient de mauvaises affaires se divisaient en deux classes : ceux qui étaient considérés comme honnêtes et malheureux et les autres.

Pour les premiers, la faillite n'était la plupart du temps pas prononcée :

1° Parce que les créanciers, sachant leur débiteur honnête, aimaient mieux le voir liquider lui-même ses affaires que de se lancer dans les frais et les aléas d'une faillite. Parfois et le plus souvent, ils chargeaient un avoué ou un agréé, suivant les villes, de procéder aux opérations de la liquidation, de trancher les questions litigieuses ou de provoquer leur solution, et finalement de procéder aux répartitions.

2° Parce qu'il répugnait aux tribunaux de commerce composés de commerçants, de mettre en faillite un des leurs pour lequel ils avaient de l'estime, et de le frapper ainsi de toutes les incapacités attachées à cette situation.

Cette pratique des concordats amiables était particulièrement préjudiciable aux greffiers, aussi est-ce à eux que nous devons la loi actuelle sur la liquidation judiciaire. En effet, cette loi a été préparée par M. Laroze, greffier en chef au tribunal de commerce de Bordeaux, qui profitait de ce que son père était chef de cabinet du Garde des sceaux pour faire passer sa loi à la Chambre des députés.

Il faut reconnaître que la question n'est pas sans présenter de sérieuses difficultés.

En effet : la loi de 1807, ancien code de commerce, était fort critiquée. En 1838, au bout de trente ans de travail et d'efforts, une nouvelle loi parut. Cette loi fut accueillie avec une grande froideur. Pourquoi ? Parce qu'on avait espéré une réforme sérieuse qui n'eut pas lieu ; elle n'eut pas lieu parce qu'elle était impossible. On réclamait déjà à cette époque un système de réglementation des atermoiements ; or, il n'y a d'autre réglementation en cette matière que le contrat qui intervient entre le débiteur et ses créanciers, et dont les différentes clauses varient suivant les circonstances et les dispositions des créanciers qui sont absolument leurs maîtres, en tant que le contrat passé par eux n'est contraire ni à la loi ni aux bonnes mœurs.

S'ils estiment pouvoir accorder terme, délai, ou même remise à leur débiteur, ils sont libres de le faire, et cela peut être souvent plus avantageux pour eux que la liquidation par voie judiciaire.

Depuis 1838, cette question des faillites a toujours été à l'étude dans les assemblées législatives ; mais, pas plus en France qu'à l'étranger, on n'a pu trouver un système pratique sauvegardant à la fois les intérêts des créanciers et des débiteurs.

En 1878, un comité de négociants de Paris se constitue dans le but de faire réformer la législation sur cette matière ; il dresse un questionnaire qui est envoyé aux Chambres de commerce, aux Tribunaux de commerce, aux Chambres syndicales ; il réunit des documents sur les lois étrangères, et on aboutit à la proposition de loi déposée par M. de Saint-Martin sur le bureau de la Chambre des députés le 15 juin 1880.

Presque en même temps, MM. Dautresme et Richard Waddington proposaient la réglementation des concordats amiables.

A la législation suivante, ces propositions sont reprises par le gouvernement ; le Conseil d'État est chargé de rédiger un projet ; on demande l'avis de la Cour de cassation, des Cours d'appel et des Tribunaux, des Chambres de commerce et des Chambres consultatives des arts et manufactures.

Le principe de la liquidation judiciaire a été admis par la majorité des corps consultés, mais il est remarquable que la Cour de cassation et quinze cours d'appel se sont montrées hostiles à cette réforme.

Le projet déposé par M. Humbert, garde des sceaux, le 27 juillet 1882, sur la réforme de la loi sur les faillites, tendait à permettre au Tribunal de commerce, à la suite de la procédure de la faillite, d'affranchir de la qualification de failli le débiteur placé, jusqu'au moment de ce jugement, en suspension de paiements.

A ce projet, la commission parlementaire substitua un contre-projet remplaçant le livre 3 du code de commerce par une série de dispositions nouvelles sous ce titre : *Des liquidations judiciaires, faillites et banqueroutes.*

Ce projet, modifié par des amendements, ne vint en discussion qu'au mois d'octobre 1888 ; encore n'est-il pas absolument exact de dire qu'il vint en discussion, car,

abandonnant la plus grande partie, on en détacha le titre
relatif à la procédure nouvelle : la liquidation judiciaire.

Mais, autant on avait mis de lenteur à étudier ce projet,
autant on avait mis de soin à le préparer en demandant
l'avis des trois corps compétents, autant on vit les représentants du pays apporter d'indifférence et de hâte à voter
cette loi. A peine le président a-t-il déclaré la discussion
générale ouverte que M. Alfred Roze monte à la tribune et
débute ainsi :

« Messieurs, je pensais que dans la discussion générale
« d'un projet de loi qui a une très réelle importance, per-
« sonne ne le niera, j'aurais à répondre à des orateurs
« qui se prononceraient sur le sens général qu'il présente ;
« mais les orateurs ne paraissent pas nombreux dans cette
« discussion générale... » (Séance du 16 octobre 1888.)

Et dans la séance du 18 octobre 1888, à propos d'un
amendement déposé au début de la séance par M. Chevil-
lotte et dont le rapporteur déclarait ne pas avoir eu con-
naissance, un député s'écrie :

« Cette discussion nous a tous surpris ! Le garde des
« sceaux lui-même a déclaré qu'il avait été pris à l'impro-
« viste. »

Ce à quoi le président répond :

« Il faut dire, il est vrai, à l'excuse de nos collègues,
« que cette discussion est venue un peu inopinément. »

Et M. Freppel ajoute : « Pourquoi a-t-on déclaré l'ur-
gence ? »

Pourquoi, en effet, se contenter d'une seule délibération
et faire arriver inopinément la discussion quand il s'agit
d'une loi d'une telle importance ?

Pour faire passer cette loi-là, les intéressés reprochent
à la loi de 1838 de considérer *tout débiteur insolvable
comme malhonnête*, alors que souvent il est simplement
malhabile ou imprudent et que même quelquefois sa ruine
est amenée par des circonstances imprévues, des cas de
force majeure. On renverse alors le système et on présume
la bonne foi, seulement on la fait dépendre d'une simple
formalité : une demande accompagnée de certaines pièces
et faite dans un certain délai. Alors c'est aux créanciers à
établir la mauvaise foi du coquin qui s'est conformé à la

loi. Si on a affaire à un honnête homme, luttant contre la mauvaise fortune et qu'il attende un jour de plus; ah! alors, la loi le déclare de mauvaise foi et il ne peut obtenir la liquidation judiciaire; dans le projet primitif (*celui des greffiers*), on allait plus loin, on lui refusait le concordat.

Donc, vous qui ne pouvez ou ne voulez pas payer vos créanciers, n'essayez pas d'un accord amiable; car si vous ne réussissez pas, c'est la faillite; on vous offre la liquidation judiciaire qui ne vous frappera que de légères incapacités.

Puis on dit aux créanciers : les accords amiables sont souvent une cause d'irrégularités, les divisions de dividende se font sans contrôle, etc., etc.

D'après le rapporteur, M. Laroze, les lenteurs apportées dans la liquidation des faillites proviennent surtout de ce que les débiteurs n'ont recours à la faillite que lorsqu'ils ont épuisé tous les moyens d'obtenir un traité amiable avec leurs créanciers et rendent ainsi leur liquidation très difficile.

En effet, le commerçant dont les affaires vont mal. qui ne peut plus faire face aux échéances, désire surtout obtenir un traité qui lui permette de reprendre le plus tôt possible son négoce ; ce qu'il craint par dessus tout, c'est la déchéance, la publicité dont il est menacé.

Le législateur tenant compte de cet état d'esprit doit interdire la possibilité d'obtenir un concordat au débiteur qui n'aura pas déposé son bilan dès les premiers jours de la cessation des paiements.

Il faut lui dire : Voulez-vous, avant d'avoir déposé votre actif, avant toute démarche humiliante et dangereuse, que la loi se charge, sous l'œil des magistrats. de procéder à la liquidation de vos affaires ? Voulez-vous avoir toutes les chances possibles d'obtenir un traité sanctionné par la justice, obligatoire pour tous..., et sortir de cette épreuve sans porter une atteinte irréparable à votre réputation ?

Si vous ne voulez pas, essayez de faire en dehors de la justice un traité avec vos créanciers; mais si vous échouez, si vous ne réunissez pas l'unanimité, alors plus de concordat judiciaire possible. ce sera la faillite avec toutes ses sévérités et le régime de l'union.

En résumé, on inventa un système mixte d'après lequel le commerçant ayant cessé ses paiements ne sera pas en faillite ; il sera en liquidation judiciaire, espèce d'accord amiable accompagné de tout le fatras de frais et de toutes les formalités de la faillite, mais il conservera tous les droits dont la faillite le privait (*art.* 21 *de la loi*). Il ne pourra plus rien faire que flanqué d'une espèce de conseil judiciaire appelé liquidateur. (*Voir art.* 5 *et* 6.)

En fait, dans la pratique, si ce n'est que le commerçant en liquidation judiciaire ne perd pas ses droits d'électeur, etc., comme dans la faillite, il n'y a aucune différence entre le régime de la loi de 1838 et celui de 1889. Du moins en apparence, au fond il y en a une énorme ; autrefois les débiteurs malhonnêtes n'osaient pas cesser leurs paiements et tenter un accord amiable retenus par la crainte de la faillite. Aujourd'hui ils se mettent en liquidation judiciaire, sont réputés honnêtes puisqu'ils se conforment aux formalités imposées par la loi, ne paient pas leurs dettes et recommencent. Le procédé est bien simple : dès que le débiteur sent ses affaires mal marcher, il s'arrange de manière à payer, ses traites, à ne pas être protesté, c'est là le point important, le seul danger ; il prend bien ses mesures et son temps, met de côté le nécessaire pour pouvoir attendre, et, ayant dissimulé adroitement des fonds, dépose son bilan à fin de liquidation judiciaire, puis laisse écouler les délais et procéder aux opérations par son liquidateur (choisi parmi les syndics du Tribunal); enfin il reprend tranquillement ses affaires après avoir payé 10, 20, 30 0/0 à ses créanciers, car, sauf l'éligibilité à certaines fonctions, il ne perd aucun droit; ce qui imprimait à la faillite un caractère infamant.

Nous voyons donc que si le législateur a eu eu vue l'intérêt des créanciers, il n'a guère réussi, car lorsqu'ils ont affaire à un débiteur malhonnête, ils sont plus facilement et plus complètement volés qu'avant 1889 sans avoir la consolation de voir infliger un châtiment au coupable par la privation de ses droits, et si leur débiteur est honnête, ils obtiennent moins qu'avec un accord amiable, car l'actif est encore diminué par les frais

qu'entraîne la procédure, et dans ce dernier cas ils per-
dent encore tout le temps nécessaire à la procédure.

Donc le premier effet de la loi de 1889 est d'empêcher
les créanciers de terminer promptement et sans frais le
règlement des affaires de leur débiteur honnête et malheureux, car dès qu'il se heurte à un créancier récalci-
trant, il se met en liquidation judiciaire pour éviter la
faillite ; il se trouve ainsi à l'abri des tracasseries au prix
de légères incapacités.

Si on a affaire à un débiteur très jalonx de conserver
tous ses droits, le danger viendra d'un créancier malhonnête qui, après s'être montré complaisant, deviendra
tout à coup inflexible, menaçant de la faillite et refusant
de consentir un traité amiable si on ne lui donne pas
préalablement le surplus de ce qui lui est dû, à l'insu des
autres créanciers et à leur préjudice.

Le second est de donner la plus grande facilité aux
coquins de voler leurs créanciers en se moquant d'eux
avec la possibilité de recommencer.

Quant aux avantages au point de vue du temps gagné
par la liquidation judiciaire sur la faillite, c'est insigni-
fiant en théorie, nul en pratique.

Ce qui retarde les opérations des faillites, et les mêmes
causes de retard existent pour la liquidation, ce n'est pas
la lenteur des opérations, des vérifications de créances...
de la procédure principale, ce sont les procès.

1° Contestations avec les créanciers dont les créances
ne sont pas établies liquides.

2° Contestations avec les débiteurs qui discutent le mon-
tant de leur dette ou la base même sur laquelle le syndic
ou liquidateur prétend qu'elle repose.

3° Contestations particulièrement pour établir le droit
des femmes.

Ces dernières demandent souvent leur séparation de
biens à la suite de la faillite ou de la liquidation judiciaire de leur mari, et alors il faut attendre que cette
séparation soit prononcée par le tribunal civil et de plus
que la liquidation de leurs reprises soit entièrement ter-
minée.

S'il ne s'élève aucune difficulté de ce chef, les choses
peuvent encore aller assez vite, mais dans le cas contraire

et si on va jusqu'en cassation..... et comment distribuer le moindre dividende avant que la créance de la femme contre son mari soit régulièrement établie?

On a ensuite voulu tenir compte des critiques dirigées contre les syndics, agents salariés qui n'ont aucun avantage à terminer promptement et ont, au contraire, tout intérêt à compliquer la procédure et à augmenter les frais. On a alors dit que nul mieux que le débiteur ne connaissait bien ses propres affaires, ne pouvait mener à bien la liquidation; ayant d'ailleurs tout intérêt à terminer promptement pour pouvoir continuer son commerce ou au moins en finir avec les tracas et les soucis de ce procès.

Or il n'est pas toujours exact de dire que le commerçant insolvable se rend bien compte de sa situation, il se fait presque toujours illusion, je parle du débiteur honnête, car le voleur là connaît trop bien, beaucoup trop bien, même, pour ses créanciers et si, par exception, ce débiteur honnête s'en rend bien compte, on n'a aucune garantie qu'il se tirera bien de la liquidation, situation embarrassante, alors qu'il n'a pu mener à bien ses affaires dans des conditions normales.

Ainsi, après avoir décidé qu'il ferait mieux que tout autre, a-t-on reconnu qu'il n'était peut-être pas prudent de le laisser seul et on l'a flanqué d'un liquidateur, espèce de conseil judiciaire, et nos législateurs ont voté ce qu'on leur proposait sans penser aux conséquences de cette disposition, et elles sont très graves.

Je ne parlerai que des principales.

Nous avons, d'un côté, des créanciers, de l'autre, un débiteur; ce dernier peut être malhonnête, les autres, les créanciers, ne peuvent l'être que par exception, mais non pour la masse. Or, que fait-on? On donne un conseil judiciaire (liquidateur) au débiteur; c'est-à-dire qu'on le protège en raison de son incapacité ou de sa faiblesse, contre ceux qui peuvent traiter avec lui. On lui donne le droit d'attaquer les contrats qu'il a passés sans l'assistance du liquidateur s'ils lui sont défavorables. En effet : « Les actes accomplis sans l'assistance du conseil judiciaire *dans le cas où elle est requise sont nuls de droit.* »

Il en résulte que le liquidé seul ou ses représentants

peuvent se prévaloir de la nullité. Le même droit n'appartient pas à ceux qui ont traité avec lui, car la nullité n'a pas été introduite en leur faveur.

De plus, le tribunal n'a pas à apprécier les faits, il n'a qu'à constater la date de l'acte et à prononcer la nullité s'il a été consenti pendant la période d'incapacité.

Jolie situation faite aux créanciers par le législateur ; en théorie, on les délivre du syndic, mais on les met dans une situation inférieure à celle de leur débiteur. Ce dernier peut se tromper et surtout les tromper ; puis quand il s'aperçoit du préjudice, il fait annuler l'acte. Eux qui ont été trompés ne peuvent rien dire : c'était à vous de savoir que vous traitiez avec un incapable, leur dira-t-on, et ils seront toujours dupes.

Autre conséquence : le débiteur, pour une raison ou une autre, traîne en longueur la liquidation, son liquidateur ne pourra rien faire ; il faudra que les créanciers demandent au tribunal d'autoriser le liquidateur à faire seul certains actes.

Alors, cette procédure qui devait être si expéditive deviendra interminable, beaucoup plus longue que celle de la faillite.

Le liquidateur ne peut rien faire ; le syndic, au contraire, taille et tranche en maître et évite ainsi maints tiraillements qui peuvent entraîner des lenteurs.

Le liquidé peut faire de l'obstruction tant qu'il veut, puisque le liquidateur n'est que *son conseil judiciaire* et ne peut rien faire sans lui. — Le failli n'a rien à dire.

En pratique, au point de vue de la procédure, il n'y a aucune différence ; tout marche dans la liquidation comme dans la faillite. En effet, l'article 24 de la nouvelle loi ne dit-il pas :

« Toutes les dispositions du code de commerce qui ne « sont pas modifiées par la présente loi continuent à rece- « voir leur application en cas de liquidation judiciaire « comme en cas de faillite. »

N.B. — Les mêmes frais d'assemblée, les mêmes dires, la même publicité que dans la faillite ; tout profit du greffier.

Pour donner satisfaction aux réclamations et avoir l'air

de leur faire jouer un rôle actif, on inventa les *contrô-leurs*.

D'abord, il est très difficile d'arriver à faire nommer des contrôleurs par l'assemblée des créanciers ; personne ne veut accepter, les créanciers croient que ce titre peut entraîner pour eux des responsabilités (d'avoir, par exemple, la situation de membre d'un conseil d'administration) et ils ne veulent pas se présenter ; on n'a aucun motif ni aucun moyen de leur imposer cette fonction.

Sont-ils nommés, à qui servent-ils ?

C'est ce qu'on n'a jamais pu bien constater, ni même comprendre, car. en pratique, les syndics sont toujours désignés comme liquidateurs.

On objectera que le Tribunal peut prendre le liquidateur en dehors de ses syndics ordinaires et parmi les créanciers sans être arrêté par les prescriptions de l'article 463 du code de commerce. Mais le Tribunal préférera toujours choisir un liquidateur parmi les personnes qu'il a sous sa dépendance directe, sur lesquelles il a pleine autorité, puisque leur situation dépend de lui, et non sur un étranger, fût-il créancier, dont il ne peut connaître aussi bien les qualités intellectuelles et morales, le degré d'instruction et de solvabilité.

Les comptes des syndics sont déposés aux greffes, suivant les villes, tous les huit, dix ou quinze jours, et restent à la disposition de tous les créanciers auxquels il est inouï qu'ils aient jamais été refusés.

Le syndic est tenu de leur donner tous les renseignements de toute nature qu'ils désirent sur la marche des opérations de la faillite ; ils peuvent l'exiger et s'il arrivait à un syndic de refuser un renseignement, il y serait rapidement et facilement contraint par le président du Tribunal.

Les comptes sont apurés par le juge-commissaire et, dans certains tribunaux, par un juge délégué par ses collègues et choisi parmi les plus anciens du Tribunal et ceux qui connaissent le mieux les questions de comptes.

Enfin, les créanciers, tous indistinctement, ont le droit d'attaquer les syndics s'ils trouvent qu'ils ont mal géré, et les tribunaux, dans ce cas, ne se font pas faute de montrer vis-à-vis d'eux une grande sévérité.

En pratique, les contrôleurs ne semblent donc être appelés à rendre aucun service ; ils peuvent, au contraire, être cause de difficultés et d'ennuis et il peut arriver que ces fonctions incombent à des hommes peu expérimentés ou peu scrupuleux, qui ne seront alors qu'une source d'embarras et de conflits dont le résultat sera d'entraver la marche des opérations.

On avait dit, dans les débats préparatoires de la loi sur la liquidation judiciaire, qu'un des avantages de cette combinaison était de conserver plus de crédit au commerçant malheureux.

Or, quel crédit veut-on qu'il ait après les publications édictées par les articles 4 et 9 de la loi. — Jugement et convocations des créanciers lors des affirmations.

Ce que le commerçant redoute avant tout, c'est de voir son nom dans le *Journal*. Or, c'est la première chose exigée par la nouvelle loi.

Voilà donc le crédit définitivement et à jamais perdu.

On ne voit plus alors aucune différence pratique avec la faillite.

Avant de terminer cette étude, essayons de signaler quelques points sur lesquels doit se porter l'attention du législateur, mais constatons en même temps que la loi de 1838 offre sur la nouvelle certains avantages.

D'abord, elle n'était pas si favorable aux filous, tout en permettant aux créanciers, ayant vis-à-vis d'eux un honnête homme malheureux, d'essayer de terminer promptement et plus avantageusement par un accord amiable.

En ce qui concerne l'ensemble de la procédure, il semble difficile de faire mieux, puisque la liquidation judiciaire, si laborieusement fondée, n'a rien produit.

En ce qui concerne le débiteur, on devrait laisser aux tribunaux le soin d'apprécier s'il doit ou non être privé de ses droits selon les circonstances, sans que cette privation puisse découler uniquement de l'état de faillite.

Rien ne s'oppose, du reste, à ce que cette décision du tribunal ne soit prise qu'après avoir consulté les créanciers dans une réunion où le débiteur sera entendu.

En ce qui concerne les créanciers, on peut demander qu'ils soient mieux renseignés sur la situation de leur débiteur par l'envoi qui sera fait à chacun dès le début de la procédure :

De la copie du bilan et de l'état détaillé contenant les noms et domiciles de tous les créanciers et les sommes dues.

On pourrait peut-être leur permettre de proposer le liquidateur ou le syndic (pris alors parmi ceux du Tribunal), car il ne faut pas perdre de vue que l'institution des syndics, si critiquée, offre de sérieuses garanties aux créanciers ;

1° Garantie de contrôle. — Les tribunaux de commerce contrôlent avec soin les opérations des syndics ou s'ils ne le font pas, ils sont en faute, car il ne tient qu'à eux de le faire ;

2° Garantie de capacité. — Les syndics sont généralement recrutés parmi des gens au courant des affaires, rompus aux questions de droit et connaissant à fond la législation des faillites, qui n'est pas toujours d'une application des plus faciles ;

3° Garantie de solvabilité. — Dans beaucoup de tribunaux, les syndics sont solidaires entre eux d'une manière absolue, ce qui présente le double avantage d'augmenter leur solvabilité et de les inciter à exercer une très grande surveillance les uns sur les autres ou sur tous par l'un d'eux, le président de la compagnie, par exemple.

Nous arrivons maintenant au point le plus délicat de cette étude.

Nous avons, je crois, démontré que la loi de 1889, si laborieusement préparée, mais rédigée en vue de donner satisfaction à certaines personnalités autres que les créanciers et les débiteurs et dont la discussion a été pour ainsi dire escamotée, n'a produit que de mauvais résultats. Il faudrait, après avoir blâmé l'ordre de chose existant, indiquer ce qu'on peut faire pour le remplacer.

Malheureusement il est plus facile de critiquer que de créer ; l'expérience le prouve : il faudrait une étude longue et approfondie pour trouver un système acceptable, et il serait en outre absolument nécessaire de pouvoir mettre en pratique ce nouveau système, afin d'en reconnaître les inconvénients et de pouvoir corriger ce qui donnerait lieu aux abus.

En attendant qu'on fasse mieux, le plus pressé et le plus sage serait d'obtenir l'abrogation de cette loi de 1889, qui n'a rien produit de bon et qui présente de si sérieux inconvénients. Nos législateurs reprendraient peut-être alors, sur de nouvelles bases, ce travail commencé il y a quinze ans, et on aurait l'espoir d'arriver à une refonte utile et pratique du livre III du Code de commerce. Il serait toutefois prudent de ne faire qu'une loi d'essai et provisoire, applicable seulement pendant quelques années, sauf à la rendre définitive si on constatait que le nouveau régime est meilleur que l'ancien; c'est ce qui a été fait récemment en Belgique sur cette matière.

G PETITPONT,

Vice-Président du Syndicat général de France,
des Cuirs et Peaux.
Vice-président de la Chambre syndicale
des Cuirs et Peaux.

Paris. — Typ. A. DAVY, 52, rue Madame. — *Téléphone.*

Paris. — Typ. A. DAVY, 52, rue Madame. — Téléphone.